U0142603

責任

學習手冊

Activity Book

Learning About Responsibility

Center for Civic Education 原著

財團法人民間公民與法治教育基金會 策劃出版

國家圖書館出版品預行編目資料

責任：學習手冊 / Center for Civic Education原
著；戴玲慧譯. -- 初版. -- 臺北市：民間公民與
法治教育基金會, 五南, 2013.02
　　面；　公分
譯自：Learning About Responsibility Activity
　　　Book
ISBN　978-986-88103-6-5（平裝）

1. 公民教育　2. 民主教育　3. 責任

528.3　　　　　　　　　　102001497

民主基礎系列《學習手冊》——責任

原著書名：Learning About Responsibility Activity Book
著 作 人：Center for Civic Education（http://www.civiced.org/）
譯　　者：戴玲慧
策　　劃：林佳範
本書總編輯：李岳霖、劉金玫
董 事 長：張廼良
出 版 者：財團法人民間公民與法治教育基金會
編輯委員：陳秩儀、李翠蘭、朱惠美、許珍珍
責任編輯：許珍珍
地　　址：104台北市松江路100巷4號5樓
電　　話：（02）2521-4258
傳　　真：（02）2521-4245
網　　址：www.lre.org.tw

合作出版：五南圖書出版股份有限公司
發 行 人：楊榮川
地　　址：106台北市大安區和平東路二段339號4樓
電　　話：（02）2705-5066（代表號）
傳　　真：（02）2706-6100
劃　　撥：0106895-3

版　　刷：2013年2月初版一刷
定　　價：150元

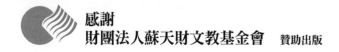
感謝
財團法人蘇天財文教基金會　贊助出版

出版緣起

黃旭田

　　2002年3月，耶魯大學法學院Carroll D.Stevens及Barbara Safriet兩位教授在台北律師公會和國人分享美國法治教育的經驗、同年9月筆者和張澤平律師、黃三榮律師獲邀至日本茨城縣筑波市參加關東弁護士會2002年年會分享台灣法治教育的努力；一轉眼台灣推動法治教育與國際接軌已超過十年。

　　我們在日本首次知道美國公民教育中心（Center for Civic Education，簡稱CCE）出版了民主基礎系列叢書（Foundations of Democracy：Authority、Privacy、Responsibility、Justice），可供各個年齡層教學使用，於是我們決定將之翻譯後導入國內。2003年7月，筆者和台師大公領系的林佳範教授親訪公民教育中心，取得同意授權由我們在台灣出版這系列圖書的中文版。當年9月這套教材的K-2系列（Instructional Procedures for Prereaders），在國內以「泡泡伯與菲菲　認識權威」、「小魚潔西　認識隱私」、「動物管理員　認識責任」、「熊熊家族　認識正義」名稱出版，另外並有一本「民主基礎系列《指導手冊》」，這系列，國內稱為「兒童版」，出版至今已印製逾三萬餘套；另外並在2010年間出版大字版，可供老師在教學現場使用。接著在2005年11月這系列教材的3-5系列(Elementary Level)，以「認識權威（少年版）、認識隱私（少年版）、認識責任（少年版）、認識正義（少年版）」名稱出版，同樣也同時出版一本「民主基礎《少年版教師手冊》」供老師使用，這系列國內簡稱為「少年版」；少年版並於2010年至2012年間陸續改換版面，並交由五南圖書出版股份有限公司合作發行。這套教材的6-9系列（Middle School Level And Above），自2007年9月至2008年3月間陸續發行中文版，書名為「挑戰未來公民──權威」、「挑戰未來公民──隱私」、「挑戰未來公民──責任」、「挑戰未來公民──正義」，另外也仍然一併出版「挑戰未來公民──教師手冊」，同樣由五南圖書出版股份有限公司合作出版，國內稱之為「公民版」。

　　這三套書在國內推廣時，兒童版主要用於幼稚園至低中年級，少年版主要用於國小高年級和國中；公民版主要用於高中及大專；然而老師實際運用時常反映國小階段不同的孩子心智發展有別，對某些中年級的孩子（也包括某些低年級或甚至高年級的孩子），兒童版太淺，而少年版又太深；因此我們決定將美國原本與兒童版一併發行的「Activity Book」也予以翻譯出版，書名就稱為＜權

威＞學習手冊、＜隱私＞學習手冊、＜責任＞學習手冊、＜正義＞學習手冊；同時為配合教學現場，每一冊的教師手冊都獨立成冊，也就是每一個主題都有一本學習手冊，再加上一本教師手冊。這套書或許可稱為＜較大兒童版＞，配合原本的兒童版與少年版，相信能讓老師依據孩子的狀況，有更適合的教材可供選擇使用。

本套書的出版承蒙財團法人蘇天財文教基金會贊助，在此特別感謝，當然全國各地許多老師與家長的鼓勵與鞭策，更是我們工作上最大的動力。

回首過往，1996年5月台北律師公會成立「法律教育推廣委員會」、1998年民間司改會成立「法治教育小組」；2003年來自民間的扶輪社友加入推廣法治教育的行列，並且與台北律師公會、民間司改會共同在財團法人中華扶輪教育基金會下設「法治教育向下扎根特別委員會」，導入美國公民教育中心的各系列教材；2006年在金士頓公司孫大衛先生捐款挹注下，交棒在民間司改會下設「法治教育向下扎根中心」；2011年年底更擴大組織獨立為「財團法人民間公民與法治教育基金會」，每一次的組織改造就代表著一次力量的茁壯，不過，我們的初衷從未改變，那就是藉由教育向下扎根，進而深化民主基礎，建設台灣成為一個優質的公民社會！

放眼當今，世界與台灣到處都是貧富差距、經濟衰退，國家內部常見朝野對抗、國際間則不斷發生主權衝突。其實如果能夠反思「有沒有好的領導人與規則（權威）」、「每個人有沒有被尊重（隱私）」、「誰該負責（責任）」、「這樣公平嗎（正義）」，用對話、傾聽、思辯進而決定，世界不會完美，但一定會變得比較好。這一系列的教材能夠給孩子帶得走的能力，請支持民間公民與法治教育基金會，並且與我們一起努力推廣，謝謝。

Table of
Contents

目錄

責任／學習手冊

LESSON 1

第一課
什麼是責任？

本課會學到的概念

　　每個人都有應該做的事，我們稱這些事情為責任。在這一課，你會學到責任是怎麼來的，以及為什麼完成責任很重要。

本課詞彙

信念　責任　承諾

什麼是責任？

「媽咪，我們能不能養一隻小貓？」愛莉和亞倫問。

「我們保證會每天餵牠，還會幫牠洗澡，拜託。」

「好吧。」媽媽說。

愛莉和亞倫答應要做什麼？

如果他們做到答應的事可能會產生什麼結果？

如果沒有做到的話又可能有什麼結果？

每個人都有應該做的事：你的老師幫助你學習，而你的父母會照顧你。

責任就是義務，是應該要做的事情。

→ 你應該把玩具收好。

→ 你應該要做功課。

責任也可能代表我們應該以某種方式做事。

→ 我們應該尊重其他人的感覺。

→ 我們應該說實話。

如果你完成一項責任，就會有好事發生。當你好好做功課，就能學到東西，而且自己會因為學習的成果而自豪。

相反的，如果你沒有盡到責任，可能發生其他事情。假如你沒有做功課，你就不能學到那麼多東西，會對自己不滿，也不會感到自豪。另外，你可能得在下課時間補做功課。

動物園管理員

記得動物園管理員故事的第一章嗎？馬丁有了一份新工作，克萊小姐是他的上司，他們兩個人都有必須要做的事。

克萊小姐帶著馬丁繞了動物園一圈，向馬丁說明他得做的工作。

「我們再多走走，我會告訴你該做些什麼事？你每天八點鐘就要開始工作。」克萊小姐邊走邊說明著。

馬丁應該做哪些事情？

假如馬丁做好這些事情，會發生什麼事？

如果馬丁沒有做到這些事情，可能有什麼結果？

小朋友應該有哪些責任？

「請問我們在哪裡可以看見熊？」遊客傑克先生問。

「就在前面這個轉角附近。」克萊小姐回答完傑克先生的問題後，立刻轉身對馬丁說：「當你面對遊客說話時，一定要有禮貌喔！」

克萊小姐聽見小孩的哭聲：「我的媽咪不見了！」

「馬丁，趕快去找傑克先生和太太，告訴他們艾美在我這裡。」

動物園的遊客應該做到哪些事情？

如果遊客們做到這些事情會有什麼結果？

假如他們不做可能發生哪些結果？

大家在公園玩或是去圖書館的時候有哪些責任？

「哎呀！糟了！馬丁，你看那些孩子！」克萊小姐邊說邊走過去對那些孩子說：「小朋友，你們看看，告示牌寫得很清楚喔——不可餵食動物。」

克萊小姐向馬丁解釋說：「動物園管理員必須確保遊客們都會遵守園內的規定。」

克萊小姐應該做哪些事情？

假如她做到這些事情會發生什麼結果？

如果她沒有做又會有什麼結果？

大人有些什麼責任？

我們是怎麼樣得到責任？

你有沒有想過自己的責任是怎麼來的？以下是我們獲得責任的一些方式：

我們承諾要做某件事，信守承諾就成了一項責任。

→ 湯米說他會在莎莉不在家的時候，照顧莎莉的貓。

→ 瓊安答應老師她會試著保持安靜。

你²曾²經⁴做⁴過⁴哪²些⁴承²諾⁴？

_____

_____

_____

_____

_____

他人告訴我們應該去做某件事。

➡ 你的老師告訴你在餐廳要排隊。

➡ 你的父親要你把垃圾拿出去倒。

你曾給過人責任嗎？是什麼責任？

_____

_____

_____

_____

我們的工作讓我們有應該做的事。

➡ 保母必須餵寶寶吃飯。

➡ 你的母親應該準時上班。

你曾有過工作嗎？當時你所負的責任是什麼？

_____

_____

_____

_____

我們應當遵守規則。

➜ 家裡規定睡前要刷牙。

➜ 學校規定舉手才能發言。

你必須遵守什麼規定？這項規定給了你什麼責任？

_____

_____

_____

_____

_____

對於行為舉止什麼是對、什麼是錯，我們有自己一套信念。

➜ 我們認為對人親切是對的。

➜ 我們認為不應該拿不屬於自己的東西。

你覺得什麼事情是正確且應該要做的？

_____

_____

_____

_____

_____

你認為哪些事情是我們不應該做的？

_____

_____

_____

這些信念給了你什麼責任？

_____

_____

_____

　　你學到每個人都有應該要做的事，為什麼做這些事很重要呢？你希望班上的同學都能負責任，而其他同學也指望你是個負責的人。

　　負責能讓我們學到更多，能讓我們與他人和睦相處。假如我們不盡到自己的責任，整個班級可能會出問題。

解決問題。

看看下面例子中的各項責任，然後回答問題。

1. 麥克在過馬路前先看看左右沒有來車。

2. 莎莉遇到紅燈時會停車。

3. 山姆先做完功課才去看電視。

4. 韓恩太太必須八點上班。

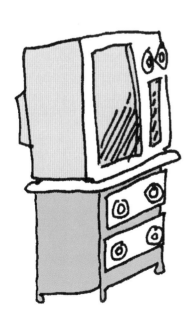

5. 琳達是棒球隊的一員,她每天放學後都去參加練習。

6. 保羅說他會在放學後去找雷曼。

誰有責任?

是什麼責任?

這個人是怎麼得到這項責任的?

如果這個人做了應該做的事,可能出現什麼結果?

假如他沒做應該做的事,又可能有什麼結果?

展示學習成果

　　畫兩張圖,各畫一個男孩和一個女孩在做他們應該做的事。向班上其他同學解說你的畫,談談畫中的人是如何得到責任的?如果負起責任會有什麼結果?沒負這些責任又會發生什麼事?說一說為什麼你認為負責任的行為是很重要的。

1. 邀請校長到班上來，請校長把一些他應該做的事寫在黑板上，然後請教校長一些問題。

   ➜ 校長的責任是怎麼來的？

   ➜ 如果校長盡到這些責任會有什麼結果？

   ➜ 假如他沒完成責任可能會發生什麼事？

   ➜ 為什麼這些責任對學校來說十分重要？

2. 找學校的另外兩位同學談談，請他們告訴你他們所擁有的兩項責任。與班上同學分享你聽到的一切。

   ➜ 他們是怎麼得到這些責任的？

   ➜ 盡到責任會有什麼結果？

   ➜ 沒盡到責任可能會發生什麼事？

3. 編一個故事或寫一首詩，說一說你的責任是什麼，為什麼這項責任很重要。

4. 在白紙上畫出一位同學的輪廓，他正在完成一項責任。你可以畫他在刷牙或梳頭髮，並為輪廓著色。

LESSON 2

第二課
你會想要承擔責任嗎？

本課會學到的概念

你常常必須決定是否要承擔一項新責任。在這一課，你會學到問一些問題來幫助自己做出決定。

本課詞彙

利ㄌ益ㄧˋ　代ㄉㄞˋ價ㄐㄧㄚˋ　問ㄨㄣˋ題ㄊㄧˊ

重ㄓㄨㄥˋ要ㄧㄠˋ觀ㄍㄨㄢ念ㄋㄧㄢˋ

> **新ㄒㄧㄣ的ㄉㄜ責ㄗㄜˊ任ㄖㄣˋ可ㄎㄜˇ能ㄋㄥˊ代ㄉㄞˋ表ㄅㄧㄠˇ了ㄌㄜ什ㄕㄣˊ麼ㄇㄜ？**

你ㄋㄧˇ可ㄎㄜˇ能ㄋㄥˊ想ㄒㄧㄤˇ養ㄧㄤˇ寵ㄔㄨㄥˇ物ㄨˋ。

朋ㄆㄥˊ友ㄧㄡˇ可ㄎㄜˇ能ㄋㄥˊ想ㄒㄧㄤˇ請ㄑㄧㄥˇ你ㄋㄧˇ幫ㄅㄤ忙ㄇㄤˊ。

你的鄰居或許會問：「你願意幫忙清理我的院子嗎？」

班上同學可能會問：「你願不願意當班長？」

你如何才能決定是否要承擔任何一項責任呢？

若你盡到一項責任，就會有好事發生，這些就是益處。幫朋友照顧貓的益處，就是你會學到更多有關動物的事；你或許會賺到錢，會為了自己能幫上忙而高興。

有時完成責任必須放棄某些事物，這些就是代價。為了幫朋友的忙，你可能必須早點回家餵貓，也可能有更多清掃工作要做。

動物園管理員

記得動物園管理員故事的第二章嗎？馬丁的責任有益處也有代價。

克萊小姐說：「馬丁，我要教你如何替馬梳毛。試試看，然後把所有馬兒的毛都梳一梳。」

「總共有七匹馬耶！可能得花掉整個下午的時間。」馬丁抗議：「那我可能沒時間去餵其他的動物了。」

　　「我相信你兩件事都會做完。」克萊小姐平靜得說：「這樣好了，當你做完你的工作，就可以選一匹馬來騎。」

馬丁有什麼新責任？

其中哪些是利益？

這項工作要付出哪些代價？

第二天，克萊小姐對馬丁說：「我正在做一個新計畫，我做了一些告示牌來介紹我們的動物，你能負責把這些新的告示牌立起來嗎？」

「嗯，我不知道耶！」馬丁回答說：「我想我沒有時間做更多的工作。」

馬丁有點生氣，他心裡想：「這裡的每件事都要我去做，事情已經夠多了。」

責任的內容為何？

有什麼好處？

有哪些代價？

你覺得馬丁應該怎麼做？為什麼？

負責任有哪些利益與代價？

隨責任而來的一些利益如下：

我們知道未來會發生什麼事。

　　當你答應要做某件事，我們相信你會做到。如果你信守今天所許下的諾言，那麼我們就知道你是個可以信賴的人。

我們會更有安全感。

　　開車的人相信你只在綠燈的時候才會過馬路，而你則相信開車的人在紅燈的時候會停車。當我們做到這些事，我們就會更安全。

我們可以更快完成工作。

　　當團隊中的每個人都做到他份內的工作，我們的工作就能更快完成。

每個人的工作份量會很公平。

　　如果我們都做好份內的事，就不會有人得做全部的工作。

我們會以自己的團體為榮。

當團體中的每個人都盡到自己的責任，我們會以身為團體的一員而自豪。

我們會對自己感到滿意。

當你做了應該做的事，其他人會說你做得很好。

隨著責任而來的一些代價如下：

我們可能需要放棄其他事物。

完成責任可能會耗費時間或金錢。你可能無法做你喜歡的事，例如：看電視或看書。

我們可能會害怕自己做得不好。

你可能會擔心其他人會怎麼想你，或如果你沒完成工作會有什麼結果。

我們可能會覺得自己必須做的事情比其他人多。

或許你得負責完成所有工作，而其他人卻沒有盡到

自己的責任。

我們可能會生氣
　　你可能得做你並不想做的事。

　　你要如何才能決定自己想不想承擔新的責任？首先，你需要知道新責任的益處和代價，你必須判斷是否益處多過代價，然後你才能決定應該怎麼做。

先看看下列的四項責任，然後回答問題。之前你學到了責任的益處與代價，現在運用這些概念。

1. 福瑞和蘇西要出去玩。他們的父親說：「蘇西，看好你的弟弟，不要讓他受傷了。」

2. 一群小孩去公園野餐。公園裡的標示上寫著：「請勿亂丟垃圾。」

3. 老師說：「大家要分享蠟筆喔。」

4. 羅莉答應要為班級同樂會烤餅乾。

哪些是責任？

這個人的責任是怎麼來的？

有哪些益處？

要付出哪些代價？

展示學習成果

　　閱讀以下故事，然後決定查理是否應當承擔責任。運用你在這一課學到的觀念，畫兩張圖。一張描繪一項益處，另外一張畫出一項代價。與其他同學分享你的作品。

養狗的例行工作

　　查理想要一隻狗。他非常想要養狗，幾乎每天都會問媽媽說：「我能不能養隻小狗？」

　　「我不確定你會好好照顧那隻狗。」媽媽回答說。

　　「我必須做哪些事呢？」查理問。

　　「這裡有一張表，」查理的媽媽說：「有了狗之後，你就得做表上列出的所有事情。」

　　查理看著那張表上面寫著：

1. 每天餵狗。
2. 確定小狗有水喝。
3. 帶小狗去運動,狗兒需要運動才能維持健康,才會快樂。
4. 幫狗刷毛,保持小狗的乾淨。
5. 訓練小狗聽話。
6. 確保小狗不會咬傢俱。
7. 如果小狗搞得一團亂,要幫牠清理。

「養狗要做好多事情。」他說。

　　「是的，」母親說：「我沒辦法幫你照顧小狗。」

　　「我真的很想要一隻小狗，」查理說：「但是我不確定我要不要承擔這些責任，我該怎麼辦呢？」

課後活動

1. 找個人當你的夥伴，從報紙中找一篇內容和有責任的人有關的報導，在課堂上表演完成責任的利益，你的夥伴表演完成責任的代價。

2. 假裝你有個叫辛蒂的朋友，辛蒂說：「我要去奶奶家一個禮拜，你能不能幫我照顧我的寵物達克？」幫達克畫張像，表現出如果你答應辛蒂的請求可能發生的利益或代價是什麼。你願意承擔這份責任嗎？原因是什麼？

3. 從讀過的書裡找個與責任有關的故事，與班上同學分享故事中的人物或動物是如何處理責任的。這項責任帶來的利益是什麼？代價又有哪些？

③ 第ㄉㄧˋ三ㄙㄢ課ㄎㄜˋ
你ㄋㄧˇ希ㄒㄧ望ㄨㄤˋ露ㄌㄨˋ西ㄒㄧ接ㄐㄧㄝ受ㄕㄡˋ這ㄓㄜˋ份ㄈㄣˋ工ㄍㄨㄥ作ㄗㄨㄛˋ嗎ㄇㄚ？

本ㄅㄣˇ課ㄎㄜˋ會ㄏㄨㄟˋ學ㄒㄩㄝˊ到ㄉㄠˋ的ㄉㄜˊ概ㄍㄞˋ念ㄋㄧㄢˋ

在ㄗㄞˋ這ㄓㄜˋ一ㄧ課ㄎㄜˋ中ㄓㄨㄥ，你ㄋㄧˇ會ㄏㄨㄟˋ解ㄐㄧㄝˇ決ㄐㄩㄝˊ一ㄧ個ㄍㄜˋ有ㄧㄡˇ關ㄍㄨㄢ新ㄒㄧㄣ責ㄗㄜˊ任ㄖㄣˋ的ㄉㄜˊ問ㄨㄣˋ題ㄊㄧˊ，你ㄋㄧˇ應ㄧㄥ該ㄍㄞ能ㄋㄥˊ解ㄐㄧㄝˇ釋ㄕˋ你ㄋㄧˇ是ㄕˋ怎ㄗㄣˇ麼ㄇㄜ解ㄐㄧㄝˇ決ㄐㄩㄝˊ問ㄨㄣˋ題ㄊㄧˊ的ㄉㄜˊ。

參與班級活動

先看看問題是什麼，與同學合作，決定故事中的女孩是否應該接受新的責任。

班森太太的寶寶

露西希望父親能給她錢去買一個新的電腦遊戲，她的父親說：「你已經十五歲了，是讓你自己去賺零用錢的時候了。」

「我能做什麼？」露西問。

「也許你可以幫隔壁的班森太太。」她的父親說：「她問我有沒有認識的人可以幫她照顧寶寶。」

露西喜歡班森太太的寶寶，她喜歡跟他玩，也喜歡幫他穿衣服和餵他吃東西，但是她不喜歡幫他換尿布。露西走到班森太太的家，然後敲了敲門。

「我爸爸說你想找個人幫忙照顧寶寶。」露西說。

「是的。」班森太太說：「你知道伊-恩有多喜歡和你一起玩，你願意試試看這份工作嗎？我每個星期四和星期六下午都需要有人幫忙。薪水是每個小時110元。」

每個小時110元！那就是說一個星期就有550元了。露西想：「那是一大筆錢……」

但是，這麼一來，我就不能在星期六下午和朋友出去玩了。星期四放學以後也不能看我最喜歡的電視節目。

我想要這筆錢，但是我不能確定要不要承擔這份責任。

你認為露西應該怎麼做呢？為什麼？

✏為活動做準備

三人一組，每人扮演故事中的一個角色。

首先，先自己想想故事中的問題，思考一下你所扮演的角色可能會說什麼、做什麼。

露西：決定你願不願意幫忙照顧班森太太的寶寶。

露西的父親：決定你是否認為露西應該接下這份工作，去照顧班森太太的寶寶。

班森太太：決定你是否願意提供露西這份工作。

接著，你們這組三個人應該一起討論，決定露西是否應該接受這份工作。假如其中一人有不同的意見，應該說明理由。你可以在聽過其他人的意見之後改變心意。

計畫你們要怎麼在課堂上演出這個故事，你們應該要演出你們的決定以及理由。

♪ 進行活動

在課堂上表演這個故事。每人應該演出自己在為這個活動做準備的時候所負責的角色。你們要演出接受這份工作的利益，以及可能要付出的代價，並說出你們這組的決定及理由。

活動指示

大部分組別的決定是什麼？為什麼？

你學到的觀念如何協助你思考問題？

如果下次你遇到問題，這些觀念可能有什麼幫助？

4 第四課
你會怎麼選？

本課會學到的概念

　　有時，你同時會有不只一項的責任，要全部完成很困難。在這一課你會學到一組「問題」，有助於你決定應該要怎麼做。

本課詞彙

知識 技巧 工具

重要觀念

○當同時出現一項以上的責任會成為問題嗎？

狗狗麥斯需要清除身上的跳蚤，藍尼答應今晚要做。

但藍尼也得做功課，他的老師說他必須在明天以前完成這些作業。他還承諾父親今晚會去清理車庫。

藍尼有什麼責任？

你認為他應該做哪一樣？為什麼？

談談你何時曾同時有一項以上的責任。

你當時怎麼辦？最後是怎麼做決定的？

_____

_____

_____

_____

　　同時間內要做不只一件事是很困難的。我們必須選擇，我應該先做哪一件呢？我是不是該先做這一件而不是另一件？

動物園管理員

　　記得動物園管理員故事的第三章嗎？馬丁必須決定應該怎麼做。

　　克萊小姐叫馬丁到她的辦公室。「我們需要一位動物園導遊，開著遊園車帶遊客遊覽動物園。這位導遊必須能向遊客解說任何有關動物園和動物的事情。」

　　「你可以選擇做你原來的工作，也可以做動物園的新導遊。假如你想要這份新的工作，下星期就要開始上班，而且星期六和星期日也必須工作。但是，這份工作會給你加薪。」她說。

馬丁必須做什麼選擇？為什麼？

馬丁喜歡動物園管理員的哪些工作？為什麼？

馬丁想：「我不能在週末拜訪我的朋友，也不能打棒球了。我將會很懷念餵動物吃飯的樂趣。或許我應該留在原來的工作崗位上才對。」

擔任導遊有什麼好處？

新工作有什麼代價？

馬ㄇㄚˇ丁ㄉㄧㄥ心ㄒㄧㄣ裡ㄌㄧˇ想ㄒㄧㄤˇ：「今ㄐㄧㄣ天ㄊㄧㄢ我ㄨㄛˇ必ㄅㄧˋ須ㄒㄩ做ㄗㄨㄛˋ決ㄐㄩㄝ定ㄉㄧㄥˋ，該ㄍㄞ是ㄕˋ我ㄨㄛˇ下ㄒㄧㄚˋ定ㄉㄧㄥˋ決ㄐㄩㄝ心ㄒㄧㄣ的ㄉㄜ時ㄕˊ候ㄏㄡˋ了ㄌㄜ。唉ㄞ！我ㄨㄛˇ該ㄍㄞ選ㄒㄩㄢˇ擇ㄗㄜˊ哪ㄋㄚˇ個ㄍㄜˋ工ㄍㄨㄥ作ㄗㄨㄛˋ呢ㄋㄜ？」

你ㄋㄧˇ認ㄖㄣˋ為ㄨㄟˊ馬ㄇㄚˇ丁ㄉㄧㄥ應ㄧㄥ該ㄍㄞ怎ㄗㄣˇ麼ㄇㄜ決ㄐㄩㄝ定ㄉㄧㄥˋ呢ㄋㄜ？為ㄨㄟˋ什ㄕㄣˊ麼ㄇㄜ？

你應該考慮哪些事才能解決這個問題？

　　以下是一些有用的問題，當你必須在兩項責任間做決定時，你可能會問這些問題。

每一項責任的益處和代價是哪些？

哪些責任必須先完成？

有哪一項比較重要嗎？

有哪一項會花上比較多的時間嗎？

要做好每一項，你需要哪些條件？例如：你可能需要某些工具、技巧或知識。

有沒有哪些東西是你可能必須放棄的？這些事物對你的重要性有多大？

找位同學合作，閱讀關於羅莎的故事。你的老師會給你一張表，回答表上的問題。說說看你覺得羅莎應該怎麼辦，解釋你的理由。

羅莎的問題

羅莎的母親說：「放學後馬上回家，你今天得去看牙醫。」

放學後，羅莎的朋友珍說：「你答應今天放學後要留下來的。我們需要你加入我們這一隊。如果你走了，就沒有足夠的人可以比賽了。」

展示學習成果

幫故事「海灘上的一天」想個結局，運用你在這一課學到的概念。告訴大家你是怎麼決定你的故事結局。

海灘上的一天

喬治和愛妮去海邊玩，他們和母親一起去。

「我想要坐在這裡看書，你們要待在一起，不要下水喔。」母親說。

喬治和愛妮做了很多事，他們在海灘上散步、玩球、堆沙堡。過了一會兒，愛妮看到有些孩子下水玩，看起來很有趣的樣子。

愛妮說：「他們玩得好高興喔。為什麼我不能玩？我要下水去了。喬治，答應我不要告訴媽媽。」

課後活動

1. 假裝你是個記者，訪問校內的一位同學，請他告訴你什麼時候他們曾經同時間內有一項以上的責任。當時他們怎麼做？又是怎麼決定應該要怎麼辦的？與班上同學分享你的訪問內容。請你用新聞報導的方式來表現。

2. 問一個大人，請他告訴你何時他們必須選擇接受新的工作。他們當時是怎樣做決定的？在課堂上分享你所聽到的內容。將這個人在新工作崗位上的樣子畫成一張圖。

第五課
你會看這部電影嗎？

本課會學到的概念

你會學到如何解決問題，也會學會做選擇。你應該能說明自己是如何解決問題的。

重要觀念

參與班級活動

閱讀故事「一部恐怖電影」。與班上同學合作。老師會發給你一張表，有助於你決定珍應該怎麼做。

一部恐怖電影

珍十五歲，她的朋友雪莉說：「今天晚上請來我家，我們可以看影片。」

珍的母親說：「好吧，但是你能不能順便帶大衛一起去？如果你能照顧大衛，等於幫了我一個很大的忙。」大衛才四歲。

「我想可以」珍說。

珍的母親開車載孩子去雪莉家。「珍，好好照顧大衛喔。」母親說。

雪莉做了爆米花後，三個小孩就坐下來看影片。影片的內容跟怪物有關，大衛因此被嚇到了，他開始大哭。大衛說：「我要回家，可怕的怪物會

跑到這裡來抓我！」

　　珍和雪莉覺得這部影片很有趣，珍想：「這部影片對大衛來說太可怕了。如果要他把剩下的部分看完，他今天晚上會睡不著。」

　　當珍正在想應該要打電話給母親，請她來接他們，雪莉說：「珍，如果你走了，就只剩我一個人。我爸和我媽都在工作，我跟他們說過你會陪我的。」

　　「我不確定該怎麼辦。」珍想：「我對大衛和雪莉都有責任，我應該怎麼做呢？」

為活動做準備

　　與同學四人一組，老師會發給每一組一張表，每組都要回答表上的問題。每位學生負責下列一項責任。

朗讀者

　　你負責將表上的第一個問題大聲唸出來，讓其他人進行討論。當他們討論完畢，再唸下一個問題。同組其他人若忘記部分故事內容，可以要求你再朗讀一遍。

第一發言人

你是第一個可以發表意見的人。當你發言完，其他人才可以說話。如果你想要的話，也可以再發言一次。

記錄者

你負責幫你這組記錄，將重要的想法寫下來，也記下你這組最後的決定。讓同組其他人看看你的紀錄。

報告者

你負責在課堂上報告你這組的決定，解釋為什麼你們會這樣做。假如同組有人持不同意見，你也負責解說原因。

♪進行活動

每組都應該填寫手上的表格。當大家都完成後，負責報告的人會在課堂上說明自己那一組的決定，以及這麼做的原因。

♪自由發揮

全班可以討論各組的決定。

班上大部分組別決定要怎麼做？原因為何？

是否有同學不同意自己那一組的決定？他們的理由

是什麼？

你如何運用所學到的概念來幫助你思考遇到的問題？

如果下次你又必須在一項以上的責任間做選擇，你能如何應用這些概念？

LESSON 6

6 第六(ㄉㄧˋㄌㄧㄡˋ)課(ㄎㄜˋ)
誰(ㄕㄟˊ)該(ㄍㄞ)負(ㄈㄨˋ)責(ㄗㄜˊ)?

本(ㄅㄣˇ)課(ㄎㄜˋ)會(ㄏㄨㄟˋ)學(ㄒㄩㄝˊ)到(ㄉㄠˋ)的(ㄉㄜ˙)概(ㄍㄞˋ)念(ㄋㄧㄢˋ)

　　我(ㄨㄛˇ)們(ㄇㄣ˙)常(ㄔㄤˊ)常(ㄔㄤˊ)想(ㄒㄧㄤˇ)知(ㄓ)道(ㄉㄠˋ)誰(ㄕㄟˊ)應(ㄧㄥ)該(ㄍㄞ)為(ㄨㄟˋ)某(ㄇㄡˇ)事(ㄕˋ)負(ㄈㄨˋ)責(ㄗㄜˊ)。在(ㄗㄞˋ)這(ㄓㄜˋ)一(ㄧ)課(ㄎㄜˋ)中(ㄓㄨㄥ)你(ㄋㄧˇ)會(ㄏㄨㄟˋ)學(ㄒㄩㄝˊ)到(ㄉㄠˋ)一(ㄧ)些(ㄒㄧㄝ)問(ㄨㄣˋ)題(ㄊㄧˊ)，能(ㄋㄥˊ)幫(ㄅㄤ)助(ㄓㄨˋ)你(ㄋㄧˇ)決(ㄐㄩㄝˊ)定(ㄉㄧㄥˋ)誰(ㄕㄟˊ)該(ㄍㄞ)負(ㄈㄨˋ)責(ㄗㄜˊ)。

為什麼我們要決定發生的事是誰的責任？

有時候我們想知道誰做了好事。

➜ 馬可努力幫助其他孩子學會識字。

➜ 消防隊員從燃燒的房子當中把小孩救出來。

　　我們想明白做了好事的人是誰，是為了要感謝他們。也想稱讚他們做得很好。有時候則是為了頒獎給這個人。

　　有時不應該發生的事情卻發生了，我們需要找出誰應該負責。

→ 有人朝停車場的車子丟石頭。

→ 麥克放在抽屜裡的60元不見了。

　　我們想知道誰把錢拿走了，想要這個人還錢。我們希望了解是誰丟的石頭，想要他恢復所造成的損害。同時，我們也想懲罰做了這些事的人。

有時候我們只是想要了解，為什麼某件事現在會是這樣。

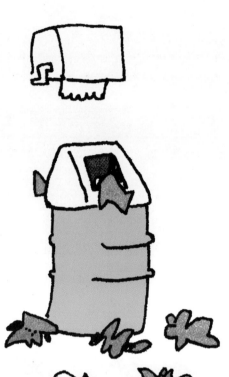

→ 學校的廁所不乾淨。學生將衛生紙丟在地上。打掃人員一天只來清掃一次。

我們想知道為什麼廁所會不乾淨，然後就可以決定應該怎麼處理。我們可能會制訂規則處理衛生紙亂丟的問題，或許會在廁所中放置更多的垃圾桶。我們也可能要求打掃人員一天來清理兩次。

你是否曾經想知道誰應該為某事負責？你當時怎麼處理？

_____

_____

_____

_____

動物園管理員

記得動物園管理員故事的第四章嗎？馬丁必須查明是誰讓獅子雷歐跑出來。霍伯先生得想想誰應該得到獎賞。

「雷歐！你把大家都嚇得半死，快跟我來！在你還沒惹出更多麻煩之前，趕快跟我回到籠子裡去。」馬丁喊道。

或許是我對動物太友善了，馬丁想。或許需要有人和新的管理員一起工作，直到他熟悉自己

的工作為止。新來的管理員可能還沒有辦法對保護動物和遊客的安全負起責任。

誰該為雷歐的逃脫負責？為什麼？

市長為這件事召開會議，他說：「大家好，今年動物園的遊客比往年多出了許多，市民都很喜歡這個動物園，這是一項了不起的成就。我不知道是誰讓我們的動物園變得這麼棒啊？」

「克萊小姐做那些告示牌很有幫助，還讓遊客可以明瞭動物的原生地以及牠們的生活方式。」

　　「而馬丁是動物園有史以來最棒的導遊，他同時也設立寵愛動物區，讓小朋友和動物能有面對面接觸的機會。」

　　「然後，霍伯先生開始募款並修建動物園，現在動物都不需要住在籠子裡了。」

哪些人可能有貢獻？為什麼？

誰應該得到獎勵？

你應該考慮哪些事情，才能解決問題？

　　你了解到為什麼我們要查明誰應該為發生的事情負責。下列問題則有助於你思考問題。

發生什麼事情？

哪些人可能要負責？為什麼？

這個人是故意的嗎？

這個人在意可能會發生的事情嗎？

這個人能不能說出可能會發生的事？

這個人本來應該怎麼做？

有沒有其他的原因可以解釋這個人為什麼要這麼做？

解決問題

　　閱讀足球隊的故事，誰應該為發生的事情負責？運用學到的概念來幫你決定。

足球不見了！

　　艾瑪參加了足球隊，今天下午她的隊伍和另一個學校的隊伍比賽，艾瑪這隊贏了。

　　比賽結束後，艾瑪這隊所有的隊員都很口渴，她們往飲水機的方向跑。艾瑪本來應該要把球收起來，但是她忘記了。莎拉知道艾瑪忘了收球，但她也沒有去收。

　　有個男孩看到球在地上，就把球拿走了。布

魯斯發現那個男孩把球拿走，就跑去追他。但是最後還是被他跑掉了。球被拿走，誰應該負責？為什麼？

展示學習成果

1. 說一個有關負責的故事。
2. 說一說故事中的人物如何幫助或傷害到了其他的人。
3. 畫一張圖搭配你的故事。
4. 與班上同學分享你的作品。

課後活動

1. 與其他學生合作表演一個故事，內容是關於某人做了一件好事。要演出為什麼是這個人的功勞。

2. 與同學合作演出一個故事，內容是關於某人做了一件壞事。要表現出這個人應該負責的理由。

3. 假裝你是位記者，訪問學校的學生，問他們是否曾必須決定誰應該為某件事負責，當時他們是怎麼判斷的？與班上同學分享你採訪到的內容。

第七課 你怎麼決定？

本課會學到的概念

　　你可以解決一個問題，這個問題與決定誰該負責有關。當你完成後，你應該能解釋你是如何將問題解決的。

參與班級活動

閱讀米勒小學海報比賽的故事，決定在製作得獎海報的過程中，誰是最有貢獻的人。

分成小組進行活動，各組要假裝是米勒小學的學生。

學校的海報比賽

蘇薩先生是米勒小學的校長，他決定要舉辦一場比賽。於是，他宣布：「海報畫得最棒的人可以贏得獎品。」

有四個學生決定合作，他們想要贏得比賽，這四個人是翠莎、艾德、傑米和希歐。

翠莎說：「我有個好點子，但是我對美術並不在行。艾德，你的美術很強，所以你來畫海報。」

翠莎把自己的點子告訴艾德，艾德就用鉛筆

畫出草稿。

　　希歐說：「我知道要在海報上寫些什麼，但是我的字不好看。」所以傑米負責將希歐建議的句子寫在海報上。

　　翠莎調出畫海報需要的顏色，然後翠莎和希歐看著艾德和傑米畫。四個人都對顏色提出意見。

　　翠莎清洗畫筆，然後把顏料放回原處。希歐把海報送去校長的辦公室。

他們和全班同學一起等待，不久，校長公布了比賽結果：他們的海報得了第一名。校長問：「是誰製作海報的呢？」

你認為，誰對贏得比賽最有貢獻呢？

為活動做準備

第一組——負責選出優勝者

你們會召開一場會議，讓每組都能說明他們覺得誰為得獎的海報付出最多。

聽過每組的意見後，你們可以問問題。選出一個人來當會議主席。

第二組——認為翠莎的貢獻最大

第三組——認為艾德的貢獻最大

第四組——認為傑米的貢獻最大

第五組——認為希歐的貢獻最大

想好你們要在會議中表達的意見，運用表格上的內容。

與同組其他同學合作，回答表格上的問題，只要回答能幫助你思考這個難題的問題就好。

第一組應該考慮要問其他組什麼問題。

♪ 進行活動

會議召開，主席說明召開會議的原因，接著請每一組發言。

第二至第五組應該向第一組說明，為什麼他們所選擇的人對海報的得獎最有貢獻，接著由第一組問問題。

最後，第一組做出決定，並應該解釋理由。

自由發揮

第一組的決定是什麼？為什麼？

你如何運用所學到的概念來幫你思考問題？

如果下次你又必須決定誰應該為發生的事情負責，你可以怎麼應用這些概念？

學習思辨的智慧

散播正義的種子

推展法治教育向下扎根

我們的孩子是否能在班上和同學討論問題、
制定共同的規則？
未來是否也能在團體中和同伴理性互動，
凝聚共識？
在重視人權的年代，能否尊重自己、也尊重別人？
是否學會在個人利益和公共利益間找尋平衡點？
能否體認在家庭、學校及社會的責任？
未來是否能善盡社會責任，成為社會的好公民？
公平正義是否已在孩子們心中萌芽滋長？
我們的社會是否能藉由教育，
而成為講公平、求正義的公義社會！

民主基礎系列叢書

兒童版（適用幼稚園～國小低、中年級學生）
標準本（22.5～29.7cm）

兒童版（適合教師教學與家長說故事使用）
大開本（29.3～38.2cm）

捐款專戶

銀行轉帳
戶名：財團法人民間公民與法治教育基金會
銀行：玉山銀行 城東分行（銀行代號：808）
帳號：0048-940-000722（共12碼）

郵政劃撥
戶名：財團法人民間公民與法治教育基金會
帳號：50219173

地址:台北市松江路100巷4號5樓
電話：（02）2521-4258
傳真：（02）2521-4245
更多資訊請見法治教育資訊網：http:// www.lre.org.tw
Email：civic@lre.org.tw

公民行動 的學習與開始

學生手冊

教師手冊

公民行動方案
★Project Citizen I

學生手冊・定價120元
教師手冊・定價130元

民間公民與法治教育基金會/主編・五南/出版

　　這是一套從小即開始培養孩子關心週遭社區的問題、訓練溝通技巧、與擬訂行動計畫的公民參與能力，使其在多元化的社會，能針對公共議題審議，進而形成共識與分工，完成社會的改進的教材。學生透過課程的訓練培養成為會議領導者、意見統整者、議題建構者、計畫執行者等等。

　　教材中提出了幾個重要的步驟，讓有心學習公民行動技能者，或是想要培養社會科學研究能力者能有所依循：而決定行動方案的公共議題，可以是班級性、全校性、社區性、甚至全國性、全球性的問題。從行動實踐的角度來看，也可以先從自己的生活周遭來關懷起，如班級的整潔、秩序、霸凌、考試作弊，或如社區的污染、交通秩序、衛生、美化等。過程中，學生必須先研究所關心的公共議題，分析其成因和現況，掌握解決問題的職掌和相關資源所在；再來學生必須檢討出可行的改進策略，決定將採取何種策略。最後，將其所決定之策略，轉化成實際的計畫與行動。

五南圖書出版股份有限公司

電話：（02）2705-5066
傳真：（02）2706-6100
地址：台北市大安區和平東路二段339號4樓